Yo tenía cinco perritos.
Yo tenía cinco perritos.

Uno se perdió en el teatro.
Ya no más me quedan cuatro.

De los cuatro que quedaban,
de los cuatro que quedaban...

uno se comió un pez.
Ya no más me quedan tres.

De los tres que me quedaban,
de los tres que me quedaban...

uno se murió de tos.
Ya no más me quedan dos.

De los dos que me quedaban,
de los dos que me quedaban…

uno se me fue con Bruno.
Ya no más me queda uno.